平野レミの
しあわせ
レシピ

はじめに

私は物心ついたときから、お料理が大好きでした。砂で作ったお団子や葉っぱのお皿でままごとをしながら、「大人は、本当に食べられるものでお料理ができて、いいな」なんていつも羨ましく思っていました。

そんな子どものころから憧れだったお料理を、今はこうして仕事にしているのだから、本当に幸せだな、って思います。

とはいえ、お料理学校などには一度も行ったことがないので、私の料理は母から教えてもらったものや、自分で試行錯誤しながら考えたオリジナルレシピです。それも、家族のために作る家庭料理が基本。だから、私は〝シェフ〟じゃなくて、〝シュフ〟なんです。

シュフは、基本的に365日欠かさずキッチンに立って、家族のためにごはんを作ります。だから、小さな子どもを持つお母さんや、仕事と家事を両立させているシュフでも負担にならないように、どうしたら簡単でおいしくできるか、ということをいつも考えています。

なので、テレビの料理番組に出演するときも、家のキッチンでするのとまったく同じやり方で料理を紹介しています。私としてはただ、いつもど

おりにやっているだけなんだけれど、立てていたブロッコリーが倒れちゃったり、お鍋のふたからキャベツがはみ出しちゃったり、といったことが起こるたびに、ネットなどで話題になっているみたいなんです。私はどうやら、ほかの人があまりやらないような行動をしているらしく、それがみなさんにとってはおもしろいみたいですね。でも私はいつも大まじめで仕事をしているんです。ツイッターのフォロワー数も30万人を超えて、みなさん私の簡単料理を作ってくれているようです。

この本では、私がそんな数々のテレビや本などで発信してきた言葉を集めてみました。そこには、お料理や家族に対する私の想いがいっぱい詰まっています。そして、様々なエピソードに絡めたオリジナルレシピも25品紹介しました。この本を通じて、一人でも多くの方に「♪お料理って楽しいな」って感じてもらえたらうれしいです。

——2015年12月　平野レミ

Contents

Part 1 元気が出る言葉

Part 2 明日を応援する言葉

part 3

落ち込んだ時の励まし言葉

part 4

背中を押してくれる言葉

Part 5

大切なことに気づく言葉

Column

part 1

元気が出る言葉

元気が出る言葉 01

スキンシップも 大事だけど ベロシップも とっても大事よ。

ベロシップを大事にすれば家族の絆が強くなる

私がよくいう「ベロ」というのは、味覚のことです。ベロは育った環境によって育てられます。だから、お母さんが頑張って料理して、子どもが小さいうちから我が家の味に親しむようになればしめたもの。一家でベロの感覚が共通だと、食卓を囲むときも楽しいでしょ。これを私は「ベロシップ」って呼んでいて、スキンシップと同じくらい大事だと思っているの。ベロシップで“家族の絆”はグンと強くなりますからね。

炒り豆腐

材料（4人分）

※多めに作って作り置きしておく

木綿豆腐 … 450g
ごま油 … 大さじ1
れんこん … 100g
にんじん（小さいいちょう切り）… 50g
A わたしの和だし（和風だしパック）… 1袋
水 … 130㎖〜
干しシイタケ（軸を取り水で戻さず細かく砕く）… 10g
B 酒 … 大さじ1
しょうゆ … 小さじ½
みりん … 大さじ½
あさつき（小口切り）… 適量

作り方

1 れんこんは皮ごと洗って粗みじんに切り、水にさらして中の泥を落とす。

2 フライパンにごま油を入れて強火で熱し、**1**とにんじんを入れて表面が炒まったら、豆腐を粗めに崩しながら加え、**A**を入れてフタはしないでしばらく煮る。野菜が固いようなら水を足す。

3 **2**の汁気を飛ばし、だしパックを取り出し、**B**を加えてさっと混ぜて味をなじませる。仕上げにごま油（分量外）を回しかけ火を止める。

4 器に盛り、あさつきを添える。

元気が出る言葉

02

私には
私のやり方しか
できません。

気取ることができないから今の私がいる

料理の仕事をするようになったのは、料理雑誌にエッセイを書いたのがきっかけでした。そのうち、テレビからもお声がかかるようになりました。あるときＮＨＫの「きょうの料理」で、薄切り牛肉とトマトを炒めるだけの簡単料理「牛トマ」を作りました。いつものやり方で、トマトを手でぐしゃぐしゃっとつぶしたら、ＮＨＫに抗議の電話がいっぱいかかってきたんですって。こんなやり方をするお料理の先生なんていなかったから、見ている人はびっくりしちゃったんですね。

プロデューサーから注意されたけど、「私は私のやり方しかできません」と言うしかなかったの。一方で、「平野レミの料理番組はユニークでおもしろい」と評判になり、その後も出演してるってわけ。私が気取った人間だったら、こんなに長い間お料理の仕事はしてなかったんじゃないかしら。

元気が出る言葉

03

立ってるものが
倒れちゃうのは
仕方ないでしょ。

立っていようが、倒れようが
ゴックンしておいしければOK！

以前、NHKの朝の情報番組で、「ブロッコリーのたらこソース」を紹介したときのこと。ブロッコリーを丸ごとレンジでチンして、たらこソースをたっぷりかける、っていうお料理なんだけど、堂々と立っていたブロッコリーが急に倒れちゃったんです。スタッフは大慌て！　でも、生放送だから、どうすることもできないんですよ。そうしたら、「生きる放送事故だ！」とかってネットでからかわれちゃったのね。「人の不幸は蜜の味」っていうことかしら（笑）。

たしかに、ブロッコリーがきれいに立っている状態を想定して作ってはいたけれど、倒れたっていいじゃない。だって、立っていようが、倒れようが、味は変わらないんだからね。要は、ゴックンしたときにおいしければいいのよ。あれはダメとか、これは間違いとか、決まり事ばっかりではお料理してても疲れちゃう。家庭料理なんですもの、楽しく作って、おいしく食べられれば、それが一番よね。

元気が出る言葉

04

「私が
間違っているのかしら」
なんて考えない方が
いいと思う。

その家ごとの味があるのだから味覚は一人ひとり違って当然

　味覚というのは人それぞれ違うので、どれが正しいかは正直よくわかりません。たとえば、グルメの大家といわれる方が絶賛するお店で食べても、ちっともおいしくなかった、なんてことはありませんか？　そんなとき、「私が間違っているのかしら」なんて考えない方がいいと思うの。だって、ベロは人それぞれなんですから。どの家庭でも、その家代々の味があり、子どもはお母さんから、お母さんはそのお母さんから受け継いできた味で料理を作っています。味は家庭によって一軒一軒違うの。だから、みんなが同じ味覚にならないのは当然のことなのね。

　よく「おふくろの味」っていわれるように、やっぱりお母さんのお料理がその人の味覚の原点になっているんですよね。だから、お仕事を持っているお母さんがキッチンに立つのは大変だと思うけれど、やっぱり子どもたちには心のこもった手料理を食べさせてあげてほしいなって思います。

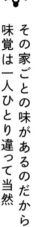

元気が出る言葉

05

失礼しちゃうわね。
私はいつだって
大まじめよ。

お料理に対するハードルが下がって興味を持ってもらえたらうれしい

テレビの料理番組などで、これまでにもいろんなハプニングが起こりました。そういうときは、「今日のレミさんおもしろかった」とよく言われるんだけど、私はお笑いのタレントさんではないので、別にウケを狙ってやっているわけではないの。少しでも短い時間でパパッと作るのが私のモットーなので、そのことだけに集中してやっていると、思わぬハプニングが起きちゃうのよね。そうすると、心配で見てられないとか、雑だとかいろんなこと言われるんだけど、私はいつだって大まじめにやっているだけなんです。

でも、それを見て、「そっか、お料理ってレミさんみたいにあんなやり方でもいいんだ！」っていう感じでハードルが下がって、一人でも多くの人がお料理に興味を持ってくれたらうれしいな、って思ってるの。料理番組に出るからには、「おもしろかった」とか「おもしろくなかった」じゃなくて、「おいしそうだった」って言ってほしいわよね。

元気が出る言葉

06

ぐちょぐちょの
びちゃびちゃの
デレデレ炒め。

野菜の特性を生かして、おいしさを引き出しましょう

野菜でも肉でも火を通していくと、どんどん味も食感も変わっていきます。そういう特性を生かすと、お料理の幅もどんどん広がります。この「なすとじゃがいものデレデレ炒め」もそう。ぐちょぐちょ、デレデレになるまでじっくり炒めると、野菜が持っているおいしさがグングン引き出されます。「おいしくな～れ！」って思いながら手をかけてあげると、野菜はちゃんと応えてくれますよ。

なすとじゃがいものデレデレ炒め

材料（2人分）

にんにく（みじん切り）… 1片分
オリーブ油 … 大さじ3
A 玉ねぎ（みじん切り）… ½個分（100g）
なす（1cmの輪切りにして、15分水にさらす）… 3本
合いびき肉（酒大さじ2でもんだもの）… 150g
トマト缶 … 1缶（400g）
B ローリエ … 1枚
ハーブソルト … 小さじ2
じゃがいも … 100g
ピザチーズ … 50g

作り方

1 鍋にオリーブ油とにんにくを入れ、弱火にかける。香りが出たら**A**を順に加え、中火でしっかり炒める。

2 **1**に**B**を加え、15分ほど煮る。

3 その間に、じゃがいもを皮のついたまま水でぬらし、ラップをして600Wの電子レンジで3分加熱する（途中、上下を返す）。火が通ったら、皮をむいて1cm厚さに切り、**2**に加えて混ぜ、チーズをのせてふたをして溶けたら完成。

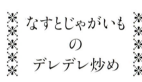

元気が出る言葉
07

好みは自然に変化してきます。

子どものころ苦手だった大根も今は大喜びで食べてます

実は私、子どものころは大根が嫌いでした。母は「子どもにはこのおいしさがわからないのかしら」なんて言っていましたが、だからといって、無理やり食べさせるようなことはしませんでした。でも、今は大根が大好きで、いろいろなお料理でおいしくいただいています。いつごろから大根が食べられるようになったのかは、まったく憶えていないのですが、大きくなったらいつの間にか好きになっていました。

子どもにはできるだけ好き嫌いをなくしてほしい、という思いから、お母さんはつい「食べなさい食べなさい」と言ってしまいがちです。食事中にガミガミ言うと、せっかくの楽しい時間が台無しになっちゃいますよね。でも、そんなに焦らなくても大丈夫。食べ物の好みというのは、自然に変わってくるものです。いつか好きになってくれるかも、というおおらかな気持ちで見守ってあげてください。

元気が出る言葉

08

葉っぱ葉っぱ葉っぱ
食べなさいよ〜って
ハッパかけてるの。

ずっと健康でいてほしいから 野菜食べなさいよ！ って言い続けてます

外食だとどうしても野菜不足になりがちです。だから、私は家族が出かけるときにはいつも玄関で「葉っぱ食べなさいよ、葉っぱよ！」って、昔からずーっと言い続けています。そうやってすり込んできたから、みんな今も意識して野菜を食べているようです。家なら、まずは酵素たっぷりの野菜ジュースをドーン！　と出しちゃうの。果物も入ってるからデザートにもなって一石二鳥ね。

野菜ジュース

材料（4杯分）

小松菜 … 1把
りんご … 1個
バナナ … 1本
レモン … 1個
赤パプリカ … ½個
豆乳（無調整） … 100mℓ
甘酒 … 50mℓ

作り方

1 小松菜はざく切り、りんごは皮ごと4等分にして芯を取り除く。バナナとレモンは皮をむき、パプリカはへたを取って、種ごと2等分にする。

2 全材料をミキサーにかける。

Point
果物は皮と実の間にも栄養たっぷりだから、無農薬のものを使ってね！

元気が出る言葉

09

ハイ！
今日の人生ここまで。

1日の終わりに区切りをつけるのは明日を元気に迎えるための大切な儀式

家のリビングは、主婦として1日過ごすこともあれば、取材を受けたり、撮影をしたりすることもあるので、私にとっては仕事場でもあるんです。そんなふうに、毎日いろいろなことが繰り広げられているこの場所は、〝舞台〟だと思っているの。「ハイ、今日の人生ここまで～」っていうのは、1日の終わりに雨戸を閉めるとき、私の口から必ず出てしまう言葉。お店がシャッターを閉めるみたいに、「ハイ、今日の人生ここまで～」って言いながら、雨戸を閉めるんです。

1日精いっぱい、一所懸命過ごしてきた自分に対して、「はい、今日も1日おつかれさま」って。そう、ちょうど人間が眠るときにまぶたを閉じるような感じ。家のまぶたよね、雨戸は。そうやって一区切りつけることで、何かイヤなことがあっても、ズルズル引きずらずに、はいおしまい、って。そうするとぐっすり眠れて、元気に明日を迎えられるんです。

元気が出る言葉

10

自己主張は
お料理が
してくれます。

お料理はその家の顔。家族が笑顔で おいしいって言ってくれるのが一番

お料理って自分のベロで決めるから、その家の顔でもあり、作る人の自己主張でもあるんですよね。火加減とか、使う鍋とか、調味料でもどれを選ぶかなど、ほんのちょっとしたことで味はずいぶん変わってきます。そうやって各家庭の味が出来てくるわけで、みんなそれぞれ個性があっていいと思うの。アメリカンドックだって、ソーセージって決めつけなくてもいいの。その日の気分で好きな具を串に刺してみてね。

3時の おナスドッグ

材料（4人分・8本分）

なす … 2本

A 水 … 1000mℓ
　塩 … 小さじ2

B ホットケーキミックス … 150g
　卵 … 1個
　牛乳 … 75mℓ

C 粉チーズ … 大さじ3
　ベーコン（みじん切り）… 40g
　トマトケチャップ … 大さじ½
　カレー粉 … 小さじ⅓

片栗粉、揚げ油 … 各適量
トマトケチャップ、マスタード、
　メープルシロップ、シナモン … 各適量

作り方

1. なすはへたを取り、縦に4等分に切る。皮に隠し包丁を入れて**A**に10分間浸ける。
2. ボウルに**B**を入れて混ぜ、**C**を加えて混ぜる。
3. **1**のなすは紙タオルで水気を取り、串に刺す。片栗粉を薄くまぶし、**2**の生地をつけて、低温の油でじっくりと揚げる。
4. トマトケチャップやマスタード、またはメープルシロップをつけてシナモンをふる。

元気が出る言葉

11

食べることが
好きな人は
生きることも好き。

食べる楽しさを知っている人は生き方も上手な気がします

〝食欲〟と〝生きること〟っていうのは、とっても似てると思うんです。ごくまれに「食べることなんかどうでもいい」って言う人がいるけれど、すごくもったいないと思う。だって、食べるってこんなに幸せで楽しいことなのに、それがわからないなんて、ほんとに不幸ですよね。そういう食に興味のない人は、人とのつきあいも別にどうでもいいや、って感じになっちゃうような気がします。せっかくお料理を作っても、ご主人から「おなかが膨れれば何でもいいんだよ」なんて言われちゃったら、お料理する気力もわいてきませんよね。

逆に、食べることを楽しめる人って、人とのコミュニケーションも上手で、生きることそのものを楽しんでるように感じます。一緒に食べて「おいしいね」って言い合うことで、人と人との気持ちの距離もグンと近くなるような気がします。

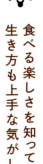

元気が出る言葉
12

「これから」の「から」だと思いましょう。

ただの搾りかすと思ったら大間違い！
実はすごいスグレモノなんです

　お豆腐を作るときの副産物としてできる「おから」。大豆の搾りかすだということもあって、おからという名前からは、〝からっぽ〟の〝から〟とか、〝ぬけがら〟の〝から〟を連想してしまいがちです。でも実は、様々な可能性を秘めていて、「これから」の「から」といってもいいくらいの優れた食材なんです。

　おからを使った料理というと、卯の花がポピュラーですが、ほかにもいろいろ使えるんですよ。たとえば、ハンバーグなどはお肉の量を半分にして、その分おからを加えると、さっぱりした味わいでとてもヘルシーになります。冬の定番であるふろふき大根を作るときは、おからで下ゆでするのがおすすめ。大根特有の苦みが取れるだけでなく、おからの甘みが大根にしみておいしくなります。おからは経済的なだけでなく栄養価も高いので、もっといろんなお料理に活用してみてくださいね！

元気が出る言葉

13

料理と器の関係は、絵と額縁の関係と同じです。

もっとハードルを下げて楽しみながら作るのが一番

あるテレビの生番組に出演していたとき、視聴者の女性から質問のファクスが届きました。内容は、「私はお料理がとても苦手なのですが、どうしたらおいしいお料理を作れるようになりますか？」というものでした。その女性のように、お料理にものすごく苦手意識を持っている方は少なくありません。

お料理で大切なことは、「おいしいものを食べてもらいたい」っていう気持ちと、食卓の雰囲気作りでしょうね。私は、料理と器の関係は、絵と額縁の関係ととっても似ていると思うんです。立派な額縁の中に絵を入れると絵が引き立つように、料理も器によって表情が変わってきます。人間も同じですね。ヘアスタイルやお化粧によって、人格まで変わって見えちゃう。

料理が苦手な方は、器や盛りつけから工夫してみる、というのも一つの手です。そうした雰囲気作りを楽しめるようになったら、そのうち自然と料理の腕前も上がってくるはずです。

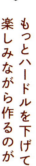

元気が出る言葉

14

みんなの笑顔が
ごちそうね。

何気ないお料理でも
笑顔があれば何倍もおいしくなる！

どんなに豪華なお料理であっても、たった一人で黙々と食べていたら、おいしさも半減してしまいます。逆に、ありきたりで庶民的なお料理でも、そこに家族や仲間の笑顔があれば、何倍もおいしく感じられます。私が一所懸命お料理するのも、やっぱり食べてくれる人の笑顔が見たいから。笑顔はなによりのごちそうだと思うんです。食卓を囲むみんなが笑顔でいること、それこそが幸せの原点だと思います。

ひと皿で
フルコース
サラダ

材料（4人分）

A ブロッコリー（小房に切る）… 1個（150g）
カリフラワー（小房に切る）… ½個（150g）
パプリカ赤・黄（小さめの乱切り）… 各½個
にんじん（2cm幅の半月切り）
… 小1本（100g）

牛肉（ステーキ用）… 300g
塩・こしょう … 各少々
サラダ油 … 適量

B しょうゆ … 大さじ3
みりん … 大さじ1.5
酒 … 大さじ1.5
おろしにんにく … 小さじ1弱

C 酢 … 小さじ2
粒マスタード … 大さじ2
サラダ油 … 大さじ1.5

フランスパン … ¼本
オリーブ油、にんにく … 各適量
クレソン … 適量

作り方

1. **A**は、固めに塩茹でし、水気を切ってボウルに入れる。牛肉は塩、こしょうをして、サラダ油をひいたフライパンで両面を焼き、一口大に切ってボウルに加える。
2. フライパンに残った肉汁に**B**を加えて煮立たせ**1**のボウルに入れ、合わせた**C**のドレッシングとともに全体を混ぜ合わせる。
3. フランスパンは、オリーブ油を塗り、トースターで焼き、にんにくの切り口をこすりつけてガーリックトーストにし、一口大に切り、**2**のボウルに入れ混ぜる。
4. 器に盛り、クレソンを散らす。

Column

平野レミ ヒストリー①

シャンソン歌手

私は小さいころから、歌が大好きでした。父はフランス文学者であり、詩人でもあったのだけれど、すごく明るい人で友だちも多く、家にはいつもお客さんがいっぱいでした。そんなお客さんたちを前に、父のリクエストで、フランス語で歌を歌ったりすることもよくありました。

やがて、高校を中退した私は、父の勧めもあって、プロの先生についてシャンソンを習い、17歳のときにシャンソン歌手としてデビューしました。結婚・出産後もしばらくは、『銀巴里』（1990年まで銀座にあった日本初のシャンソン喫茶）の舞台に立っていましたが、次第に料理の仕事の方が忙しくなって、歌からは遠のいていたんです。

そんな私に、和田さんが「レミにはまだやり残したことがあるだろ」と、新しいCDを出す提案をしてくれました。そうして生まれたのが、夫婦二人三脚で作った『私の旅』（ディスククラシカ）です。

part 2

明日を応援する言葉

明日を応援する言葉

15

花を咲かせるのよ！

せっかく生まれてきたんだから人生の花を咲かせましょう！

ケッパーって本当は白い花が咲くんだけど、私たちが食べてるのは実は蕾《つぼみ》なんです。蕾のうちに摘まれちゃって、酢漬けにされちゃうんだから、考えてみたらかわいそうよね。だから、みなさんはケッパーの人生みたいにならないで、花を咲かせてね。あぁ、楽しい！　って感じられるのが、花を咲かせるってことじゃないかしら。たとえお金持ちじゃなくても、好きな人と一緒に笑って過ごして、心の花を咲かせてくださいね。

サーモン ちらし寿司

材料（2人分）

スモークサーモン … 適量
A ごはん（固めに炊いたもの）… 400g
　すし酢 … 大さじ2
　ケッパー（粗みじんにし、汁気を絞る）
　　… 大さじ½卵 … 2個
塩 … 少々
きゅうり、梅肉、ラディッシュ … 各適量
ケッパー（飾り用）… 適量

作り方

1 スモークサーモンは花型に巻く。きゅうりは飾り切りして、中心に梅肉をのせる。ラディッシュも飾り切りする。

2 Aを合わせて、ケッパー入り酢飯を作り、皿に盛る。

3 ボウルに卵を入れて溶きほぐし、塩を加え、熱したフライパンに流し入れて炒り卵を作る。

4 2に3の炒り卵を散らし、1のスモークサーモン、きゅうり、ラディッシュを飾り、仕上げにケッパーを散らす。

明日を応援する言葉

16

主婦の料理は
のどで帳尻が合えば
大丈夫。

〝シェフ〟じゃなくて〝シュフ〟なんだから食べておいしければいいの！

子どもがまだ小さいころ、私が夕方家に帰ったら「コロッケが食べたい」って言うんです。時間も時間だし、これから揚げ物を作るのは大変だなと思ったとき、「そうだ！　食べたときの味がコロッケになればいいんじゃない？」とひらめいたんです。お皿に千切りキャベツを敷いて、つぶしたじゃがいもをのせ、その上に炒めたひき肉と玉ねぎをのせて、きつね色に炒めたパン粉をパラパラと振りかければ完成。子どもが「お母さん、これコロッケじゃないよ！」と言うので、「混ぜて食べてごらん、コロッケだから」と言ったら、「ほんとだ！　ごっくんしたらコロッケだ！」って言うんです。それで「ごっくんコロッケ」と名づけちゃいました。

私は〝シェフ〟じゃなくて〝シュフ〟なんだから、食べたときにおいしければそれでＯＫ！　そんなふうに考えると、アイデアがどんどん浮かんで、お料理がもっともっと楽しくなるんですよね。

明日を応援する言葉

17

生まれ変わっても
シュフが
いいかな。

買い物して料理を作る
シュフは私にとっての天職です

食事の献立は、いつもスーパーに着くまで考えません。スーパーに着いて、鼻歌を唄いながら、その日の目玉商品を探したり、魚の表情を見たりしながら、その場で献立を考えます。それがすごく楽しいんです。だから、生まれ変わってもまたシュフがいいかなって思います。しかも、私の場合、この大好きなお料理が外での仕事にもなっちゃってるの。だから、本当にありがたいなって思います。

電車に乗ってるときにも、見ず知らずの人が、「レミさん、このあいだ○○作りました！　うちの主人もおいしい、おいしいって言ってましたよ」なんて声をかけてくれたりして。そういうときは、急にベロのつながりが出来て、他人とは思えなくなるから不思議です。私の料理でそのご家庭の食卓をほんのちょっぴりでも豊かにできたのかな、と思うと、やっぱりうれしいですね。

明日を応援する言葉

18

笑顔は、
人を幸せにする
一番のチカラ。

笑って作る料理は いつだっておいしい

声の高いキンキラ声の人で暗い人ってあんまりいないでしょ。「私、苦しいの〜。死にたいの〜」って落ち込んだときは、とりあえず鏡の前で高い声を出して口角を上げてスマイル顔を作ってみるといいわ。顔がスマイルになると、心もだんだんスマイルになってくるから。「笑う門には福来たる」ってことわざがあるけど、暗くて愚痴ばっかり言ってる人の所には、幸せはなかなかやってきません。

お料理を作るときも一緒。暗い顔してイヤイヤ作るのと、明るく元気よく作るのとでは、味も変わってくると思うんです。食べるときもそうね。そんなにおいしいものじゃなくても、一緒に食べる人が笑っていたら、それだけでおいしく感じちゃう。笑顔には、そういうすごいチカラがあると思うんです。「病は気から」みたいに、「料理は気から」って言っちゃってもいいんじゃないかしら。

明日を応援する言葉

19

これを食べれば
アスはみんな
パラダイスよ！

お料理は楽しいのが一番！
だからネーミングもレミ流です

「これを食べれば明日はパラダイスよ」って最初につぶやいたのが茹でたアスパラガスをコロコロに切って、マヨネーズとピーナッツバターを3対1の割合で混ぜたもの。「レミさんのお料理は、ネーミングもユニークですね」ってよく言われますが、やっぱり楽しい方がいいじゃない！　写真の明日パラダイス炒めは丼にしてもおいしいですよ。

明日《アス》パラダイス炒め

材料（2人分）

アスパラガス … 2束（200g）
バター … 大さじ2
ホタテ缶 … 小1缶（70g）
塩・こしょう … 各少々
片栗粉 … 大さじ½
水 … 少々
A 卵 … 3個
生クリーム … 大さじ3
サラダ油 … 小さじ2
塩 … 小さじ¼

作り方

1 アスパラガスは、固いところを除いて、1.5cm長さの斜め切りにする。

2 熱したフライパンにバターを溶かし、**1**を炒める。

3 **2**にホタテ缶を汁ごと加え、塩、こしょうし、フタをして弱火で2～3分、アスパラガスが柔らかくなるまで蒸し煮する。

4 片栗粉は少量の水で溶き、**A**に加え、卵をよく溶きほぐしておく。

5 **3**に**4**を加え、ヘラでふんわり混ぜて皿に盛り、好みでこしょう、しょうゆ（分量外）をたらす。

明日を応援する言葉
20

料理は五感を楽しませてくれる。

料理は口だけじゃなく目や耳も使って楽しむもの

私はちっちゃいときから、学校の勉強が大嫌いでした。先生が黒板に書いた字を座ってじっと見てるのがイヤでイヤでしょうがなかったし、何かを強制的にやらされるのが大嫌いだったんです。

ある日、学校から帰ってきて、おなかすいたなぁと思ったけれど、母の姿が見当たりませんでした。それで、庭になっていた野菜をとってきて、生まれて初めて一人でお料理をしたんだけれど、これがものすごく楽しかった！　トントントンって包丁で切る音とか、ジャーって炒める音とかすごく心地いいし、とってもいい匂いがしてくる。おいしそうなものがだんだんできあがってくると、目でも楽しめるしね。わぁ、こんな楽しい人生があったんだ！　って、とっても感激したのを覚えています。こんなふうに五感で楽しませてくれる料理って最高！　と思って、ますます勉強が嫌いになっちゃいました（笑）。

明日を応援する言葉

21

こんなに
おいしいもの
食べちゃったら
不幸のはじまりよ。

一生に一度しか味わえないものもあるんです

「この世にこんなおいしいものがあったんだ！」ってびっくりすることが、今でも時々あります。それが日本ならともかく、外国の片田舎の名前もわからないレストランだったりしたときには、「こんなおいしいもの食べちゃったら不幸のはじまりよ」って思ってしまいます。だって、たぶんもう二度と食べに行くことはできないし、それなのに、この味を知っちゃったってことは、不幸じゃないですか！　そう思ってしまうくらい、大きな幸せだっていうことなんですけどね。

　長男を出産したとき、約10時間の陣痛の疲れからしばらく眠ってしまいました。そして、目が覚めたときにようやく実感がわいてきたんです。そして、ベッドサイドに置いてあった塩おにぎりを食べたんだけど、そのおいしかったこと！　それはきっと、子どもを産んだという幸福感、充実感、達成感に包まれていたからこそであって、忘れられない味ですね。

明日を応援する言葉 22

脳みそって
使えば使うほど
進化するみたいね。

経験を重ねることで
わかるようになってくることがあります

昔、うちに泥棒が入ったことがありました。ちょうどキッチンを改装したばかりで、大工さんが「現金払いで」と言うので仕方なく現金１００万円を銀行からおろして用意していたら、まんまと盗まれてしまったんです。結局、何カ月か経って犯人は見つかったのですが、刑事さんが「どうしてこの家に入ったんだ？」と尋ねたら、「今日はこの家にはお金があると思った」って答えたんですって。脳みそでお金が欲しい、お金が欲しいって思っていると、お金のある家がわかるみたいなのね。

ま、泥棒の話はさておき、料理も食材とか組み合わせ方とかいつも考えていると、脳みそに磨きがかかって、素材の性質がよくわかるようになります。これとこれを合わせたらこんな味になるっていうデータも頭の中にインプットされているから、実際に食べなくても、頭の中で試食するだけでだいたいの味がわかったり。だから一所懸命になるといろいろ見えてくるものなんですね。

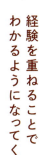

明日を応援する言葉

23

若いものには巻かれろ。

若い子の発想っておもしろい！
だからどんどん受け止めちゃいます

若い子たちの話ってほんとにおもしろいし、とってもいいアイデアを出してくれたりするんですよ。だから「レミさん、最近はこんな味つけもありですよ」とか言われると、「あら、そうなの！　はい、若いものには巻かれます」って、素直に従っちゃう。新しい意見とか情報を取り入れると、また新しい発見があって、とっても楽しいんです。

おに牛《ぎゅ》り

材料（2人分）

にんにく（みじん切り）… 小さじ1
玉ねぎ（みじん切り）… ¼個分
温かいごはん … 200ｇ
塩 … 小さじ⅙
こしょう … 少々
バジル（みじん切り）… 大5枚分
牛ロース薄切り肉 … 4枚
サラダ油 … 適宜
小麦粉 … 適量
A 粒マスタード … 大さじ1
　はちみつ … 大さじ1
　しょうゆ … 小さじ⅓
スライスチーズ（半分に切る）… 1枚
トマトケチャップ、タバスコ … 各適量
バジル（トッピング用）… 適量

作り方

1 フライパンにサラダ油大さじ½を熱し、にんにく、玉ねぎを炒める。玉ねぎがしんなりしたら、ごはん、塩、こしょうを加えさらに炒め、火を止めたらバジルを混ぜ合わせる。粗熱が取れたら4等分して丸める。

2 ラップに牛肉をひろげ、塩、こしょう（分量外）各少々をふり、**1**をのせて全体を巻き、ギュッと丸く形を整え、小麦粉を薄くまぶす。同様に全部で4個作る。

3 フライパンにサラダ油大さじ1を熱し、**2**を転がしながら焼き色がつくまで焼く。

4 2個はフライパンから取り出し、皿に盛り、合わせた**A**をかける。残りの2個はフライパンに入れたまま、スライスチーズをのせてフタをする。余熱でチーズが溶けたら皿に盛り、トマトケチャップ、タバスコをかけて、バジルを添える。

明日を応援する言葉

24

私の辞書には
本音と建て前なんて
ありません。

大人の社会に疲れたら おいしいものでパワーチャージ

私は以前まで、〝本音〟と〝建て前〟っていう言葉自体知らなかったんです。あるとき、マネージャーから「レミさんって、ほんとに本音と建て前がないですよね」って言われて、「本音と建て前って何よ!?」って聞いちゃったくらい。私はいつもこのまんまで、思ったことをそのまま口にして、自分がしたいと思ったことをするだけで、それ以外に何があるの？　って、とっても不思議でした。そもそも、建て前っていう概念がないし、そんなことしなくたって生きていられる、って思っちゃう。

でも、世の中には、本音と建て前をうまく使い分けながら生きていかないといけない人がいっぱいいるみたいですね。心ではまったく思っていないことでも「そうですね～」とか言わなきゃいけないのって、体に悪いだろうな。でも、それが大人の社会なのかしら……。そんなときは、おいしいものでも食べて、元気をチャージしてくださいね！

明日を応援する言葉

25

キッチンから幸せ発信!

幸せな家庭が増えれば世界も平和になると思うの

私はいつも「キッチンから幸せ発信！」って言ってます。特別豪華な食事じゃなくても、家族で食卓を囲んで一緒に料理を食べると、それだけでとっても幸せな気持ちになるでしょう。お隣さんも、そのお隣さんも、そんな幸せな家庭がいっぱいなら、その街はきっと平和になるし、それがもっともっと広まれば、世界が平和になると思うんです。

私の料理はシェフの料理じゃなくて、あくまでもシュフ（主婦）の料理。だから、これまでにたくさんのオリジナルレシピを考えてきたけれど、それもすべて、家族がおいしいって言ってくれたものです。やっぱり、お母さんが家族のために作る料理が、家庭の原点だと思うんです。家庭の幸せはお母さんにかかっていて、キッチンから平和が生まれるとしたら、その中心にいるのはお母さん。それが世界平和にまでつながるんだわ！　と思えば、キッチンに立つときも気合が入りますよね。

明日を応援する言葉

26

空腹は最大の調味料。

おなかがすいているときはいつもの何倍もおいしく感じます

中学生のころ、伊豆大島へ行きました。友だちとさんざん歩き回った末、岩場に出てみたら、浅瀬にウニがいたんです。それをとって、殻をバンッて割って、食べたときのおいしさといったら！　味つけもしてないのに、大自然の調味料ってすごいなって思いました。それに、歩き疲れておなかがペコペコだったから、なおさらおいしく感じたんでしょうね。やっぱり、空腹は最大の調味料ですよね。

豚煮の黒づくし

材料（4人分）

玉ねぎ（薄切り）… 1個分（200ｇ）
にんにく（みじん切り）… 2片分
A 黒酢 … 100mℓ
水 … 400mℓ
ローリエ … 2枚
黒豚バラ肉ブロック（1.5cm幅に切る）… 500ｇ
サラダ油 … 大さじ1
B しょうゆ … 50mℓ
黒砂糖 … 50ｇ
トマトケチャップ … 大さじ1
ゆで卵 … 4個

作り方

1. 鍋にサラダ油を熱し、玉ねぎ、にんにくを炒め、玉ねぎがしんなりしたら**A**と豚肉を入れ、ふたをしてアクを取りながら中火で40分煮る。
2. **1**に**B**とゆで卵を加え、ふたを取って水気を飛ばしながらさらに20分ほど煮る。

明日を応援する言葉

27

ずーっと一緒でいいんです。

毎日精いっぱい生きてるから去年も今年も来年も一緒でいいの

新しい年を迎えるときなどに、「来年はどんな年にしたいですか？」なんて聞かれることがよくありますよね。そんなとき、私は「来年も今年と一緒でいいの。ずっと一緒でいいんです」って答えています。つまらない答えかもしれないけど、それが本音なの。

だって、来年はこうしよう！　って自分で路線引っ張って、そのとおりにならなかったらイヤじゃないですか。だから私は、むやみに希望を掲げたり、来年の抱負はこれです！　なんて決意したりといったことは一切しません。ラク～に生きて、家に帰ったら猫を可愛がって、庭を見ながらお茶飲んで「あぁ、今日の人生、いいなぁ～」って感じで毎日を過ごせたらそれで十分。1日1日を精いっぱい生きてるし、それが楽しいの。だから、特別な意気込みも持たないし、今年も来年も同じように、ずーっと一緒でいられたらいいな、って思うんです。

明日を応援する言葉

28

おフクロの味が
フクロの味に
ならないように
手作りしましょう。

手料理の記憶は
大切な思い出も呼び覚ましてくれます

それぞれの家庭の味を引き継いでいくっていうのは、とっても大事なことだと思っています。でも最近は、レトルトやパウチなど、温めるだけで食べられるものがたくさん出回っていて、へたをするとオフクロの味が「袋の味」になりかねません。お母さんの手料理はその家だけの味であって、それを食べることで懐かしい思い出も一緒に甦ってきます。そんな家庭の味を親から子、子から孫へと伝えていってほしいですね。

白菜のお袋あえ

材料（2人分）

白菜（5cm長さの棒切り）… 150g
高菜漬け（みじん切り）… 70g
塩 … 小さじ1
ごま油 … 小さじ1
白ごま … 適量

作り方

1 ポリ袋に白菜を入れ、塩をふり、全体をよくもんで20分おく。水気が出てきたら袋の端を小さく切り、水気をよく絞る。

2 1に高菜漬けとごま油を加えて混ぜ、器に盛り、白ごまをふる。

Column

平野レミ ヒストリー②

料理愛好家

レコードデビューした後は、歌手以外に、ちょっとタレントとしても活動していました。たとえば、TBSラジオ「キンキン・ケンケンのそれ行け！歌謡曲」という番組では、「ミュージック・キャラバン」というコーナーで、当時TBSのアナウンサーだった久米宏さんと一緒にラジオカーから生中継をする、というお仕事もしていました。そうしたら、なんと！　和田さんがこの番組を聞いていて、それがきっかけで結婚することになったんです。

しばらくは家事と育児に専念していましたが、あるとき夫の友人から頼まれて、雑誌にエッセイを書きました。いつも作っている手料理について書いたところ、それが好評だったらしく、次々にほかの雑誌やテレビからも料理の仕事が舞い込んでくるようになったんです。こうして、料理愛好家・平野レミが誕生したっていうわけ。家ではシュフとして、外ではお仕事として、大好きなお料理を思いっきりできるのは、本当にとっても幸せです。

part 3

落ち込んだ時の励まし言葉

落ち込んだ時の励まし言葉

29

客席にいるのは
みんな
じゃがいもだと
思えばいいのよ。

緊張をほぐしてもらったけれど お客さんにもじゃがいもにも失礼よね

17歳のとき、初めて大勢の人の前で歌いました。ステージに上がる前にものすごく緊張していた私に、先生や仲間が「客席にいるのはみんなじゃがいもだと思えばいいのよ!」と言って、安心させてくれました。おかげでなんとか歌いきることができたのですが、よくよく考えたら、そんなふうに思うのはお客さんにもじゃがいもにも失礼な気がして。じゃがいもだってこんなにおいしくて、栄養も豊富なんですものね。

じゃがいもの にんにく クリームソース

材料(2人分)

じゃがいも … 中2個
オリーブ油 … 大さじ2
にんにく(みじん切り) … 大さじ2
アンチョビ(みじん切り) … 大さじ1.5
生クリーム … 100mℓ
セルフィーユ(あれば) … 適量

作り方

1. じゃがいもは、皮付きのまま水にくぐらせ、ラップで1個ずつ包んで600Wの電子レンジで3分加熱する。裏返してさらに3分加熱し、チンポテトを作る。
2. フライパンにオリーブ油を熱し、にんにくを弱火でじっくり炒め、香りが出たらアンチョビを加える。アンチョビの香りが出てきたら、生クリームを加え、とろみがつくまで混ぜながら弱火で煮る。
3. 食べやすい大きさに切ったじゃがいもを器に入れ、2をかけて、セルフィーユなどの青味を散らす。

落ち込んだ時の励まし言葉

30

食卓だって
立派な勉強机です。

料理同様、子育ても自己流でも、めちゃくちゃ楽しかった！

私は料理もそうだけど、子育てもかなり自己流でやってきました。子育ては正解も間違いもわからないし、やり直しもきかない。でも、親がどんなに迷っても、不安を感じていても、子どもの成長は待ってくれません。そんな中で私なりに子育てをしてきたわけですが、でも、めちゃくちゃ楽しかったなぁ！

子どもが小さいときは、宿題もキッチンのテーブルでやらせていました。私が包丁でトントントンって切っている音とか、ジュージュー炒めてる音とかを聞かせて、台所に立っている姿を見せるのが大事だなと思って。そうすれば、ご飯を待っている時間も楽しくなるし、出来上がったときの喜びも倍増するでしょう。「お母さんはこうやって僕たち家族のために、がんばって料理してくれてるんだ」っていう姿を見せれば、きっといい子に育ってくれるんじゃないかな、な～んて思います。

落ち込んだ時の励まし言葉

31

失敗もお祭り気分で乗り越えよう。

予想してないことが次々と発生！
でも、笑顔が残ればそれでOK

ある番組で「空間の美」をテーマにお料理を作ったんです。ところが、用意する器を私が間違えて、お皿に盛りつけたら料理で埋め尽くされてしまい、空間の美はどこへやら!?　って感じになっちゃって、スタッフは大慌て。そんな感じで、私がテレビに出るとハプニングがつきものみたいに思われているみたいだけど、結果として笑顔が残ればそれでいいんじゃないかしら。

お家で
お祭りきゅうり

材料（作りやすい分量）

きゅうり … 10本
好きな野菜 … 適量
キャベツ … 1個
好みのディップ … 適量

作り方

1 きゅうりと好きな野菜を冷蔵庫で冷やして、食べやすく切り、棒を刺す。

2 キャベツを土台に、1の野菜を刺して、祭り気分を味わう。

3 金山寺味噌やマヨマスタード（マヨネーズ＆マスタード）など、好きなディップをつけながら食べる。

落ち込んだ時の励まし言葉 32

外見でだます奴に
大した人は
いないんだから。

見た目なんてどうでもいいの やっぱり中身を磨かなきゃ

ある朝、夫の和田さんが目玉焼きを作ってくれました。ところが、途中で失敗してしまって、黄身がダーッて流れちゃったんです。それを見て、私がわざと「下手っぴ！」って言ったら、「おいしければいいんだよ」ですって。あはは、たしかにそのとおり！　黄身が丸いままだろうが、流れていようが、目玉焼きの味に変わりはないですもんね。ごっくんしておいしければ、それでいいんです。

お料理は見た目も大事だっていわれるけれど、食べてみたら「ん……!?」って思うものもあるでしょう。知り合いの歯医者さんのお話によると、外見はブランド品でお金かけてるのに口の中はまったくお金かけてない人もいるんですって。料理にしても人にしても、外見でだます人には大した人はいないって思います。だからみなさんも、外見を磨くことばかりではなくて、中身磨きに時間をかけた方が絶対にいいと思いますよ。

落ち込んだ時の励まし言葉

33

死にたての
魚だから
おいしいの。

死んだばっかりの魚を食べた方が魚も喜ぶし、人も幸せになる

釣ったばかりの新鮮な魚を食べられるのは、最高の贅沢だし酵素がいっぱい。魚の気持ちになったら死んですぐ食べてほしいって思ってると思うの。輸送されて時間が経っちゃってよ〜く死んじゃってる魚なんて、魚自身だって喜んでないと思うのよね。新鮮な魚って、本当においしいんですもの。魚だって本当は元気に生きていたいのに、その命をいただくわけだから、魚に敬意を表して、新鮮なうちに食べてあげましょ。

お刺身サラダ

材料（2人分）

鯛の刺身 … 100g
つま … 50g
香菜（ざく切り）… 適量
A 香菜（みじん切り）… 大さじ2
レモン汁 … 大さじ1.5
サラダ油 … 大さじ1.5
しょうゆ … 大さじ½
塩 … 小さじ¼
こしょう … 少々

作り方

1 器に刺身とつまを盛り、香菜を散らす。
2 合わせた**A**をかける。

落ち込んだ時の励まし言葉

34

やって、やって、やって！

何にでも使える便利な言葉
これは、レミ語の原点です

私は昔から「はい、やって、やって！」ってつい言っちゃうんだけど、これは、英語でいえば「DO」になるのよね。たとえば、食べ物を勧めるときも「ほら、これおいしいから、やって、やって」って。初めて聞いた人は「えーっ？ やってって……何をやるんですか？」って、たいていキョトンとしちゃうんですけどね。でも、食べて食べてって言うよりも、やってやってって言う方が簡単だし、何でもかんでも「やって、やって！」って言っちゃいます。こんな便利な言葉、どうしてみんな使わないんだろう、って不思議に思いますね。

そういえば、うちの父は、人を見ると全員「山田さん」って言ってました。私が「違う」って言うと、「あ、タチバナさん」って直します。夫の和田さんも、結婚してからしばらくは、父にとってはずっと「山田さん」でした。それも、私の「やって、やって」と言うのと同じなのかしら。もうこれは、レミ語の原点ですね。

落ち込んだ時の励まし言葉

35

食べる人が作る人を成長させる。

大変な人と結婚しちゃった
でも、だからこそがんばれたんです

夫と初めてデートした日、しゃぶしゃぶ屋さんで一緒にごはんを食べたんです。そのとき、私はまったく憶えてないんだけれど、どうやら私が店員さんに、出てきたタレについて何か質問をしたらしいんです。それを見ていた夫は「この人は料理に興味があるんだな。いい奥さんになれそうだ」って思ったんですって。

そして、結婚した当初、彼が言った言葉が「死ぬまでにあと何千回、レミの料理が食べられるんだろう」だったんです。私は「この人は食べることに命かけてるのかしら。大変な人と結婚しちゃった」と思ったんですが、そのあとすぐに「そっか、それならきちっとやればいいんだ、よし、私も真剣にお料理をしなくちゃ！」って思ったの。そんなに食べることが好きなら、毎食絶対においしいものを食べさせてあげよう、って。だから、私が料理の腕を上げることができたのも、夫のおかげかもしれませんね。

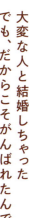

落ち込んだ時の励まし言葉

36

いいの、
出来なかったら
出来ないで。

一所懸命全力を尽くしても ダメなときはあきらめも肝心

これも20分以内に晩ごはんを作るというテレビ番組に出演したとき、つい出てしまったひと言。この日は「れんこんマグロッケ」など根菜類を使ったメニューが多かったので、ただでさえ火が通るのに時間がかかるんです。もちろん一所懸命にやったけど、時間は待ってくれないし、間に合わなかったらそれはそれでしょうがないな、と。でもなんとか無事に、20分以内に完成させることができました（パチパチパチ～）。

れんこん マグロッケ

材料（2人分）

赤身まぐろ（粗みじん切り）… 150g
れんこん … 150g
玉ねぎ … 70g
A 塩 … 小さじ⅓
　黒こしょう … 少々
　マヨネーズ … 大さじ2
コーンフレーク（砕く）… 1カップ
サラダ油 … 大さじ1.5
付け合わせ
　ベビーリーフ、ミニトマト、レモン … 各適量

作り方

1 れんこんと玉ねぎは、すりおろして水気を絞る。

2 ボウルにまぐろ、1、Aを入れてよく練る。

3 2を2等分して丸め、コーンフレークを全体にまぶす。

4 フライパンにサラダ油を熱し、3を入れ、フタをして両面焼く。

5 器に盛り、ベビーリーフ、ミニトマト、レモンを添え、好みでソースをつける。

Point
タネが柔らかいときは、冷蔵庫で少し冷やすとまとまりやすくなります。

落ち込んだ時の励まし言葉

37

私、来世もまた料理やるんだ。

みんなを幸せにする料理は やっぱりやめられない！

もともとはシャンソン歌手だった私が、ひょんなことから料理の仕事もするようになって、テレビにも出させてもらうようになりました。でも、正直に言うと、私自身は料理番組ってほとんど見たことがないんです。基本的にテレビを見ないので、芸能人の顔も名前もよく知らないし。よくわからないままテレビに出ちゃってるんです。ましてや、女優でもないので、テレビに出るときもいつもどおりの自然のまま。ただ、お料理するのが楽しくて、テレビのお仕事もやっているって感じかしら。

だって、キッチンに立っているときも楽しいし、自分が作った料理を誰かが食べてくれて、笑顔で「おいしい〜」って言ってくれたときは、最高に幸せな気分になるんですもの。こんなにみんなを幸せにしてくれる料理は、やっぱりやめられません！　だから、来世もきっとまた、私は料理をやっていると思います。

落ち込んだ時の励まし言葉

38

知らないってことも
いいことよね。

この世の中には知らない方が幸せなこともあるんです

　私は以前、ワインがあまり好きじゃなかったので、いただきもののワインがあると、うちに来る庭師の人とか大工さんとかに「よかったらどうぞ」ってよくあげてたんです。ある日、夫が家の中で「あれ、あれ？」ってつぶやきながら、何かを探してるので、「何を探してるの？」って聞いたら、「ここにワイン置いといたんだけど」って。「どんなワイン？」って聞いたら、「ロマネ・コンティっていうやつなんだけど」と言うので、「あ、それこのあいだ、電気屋さんにあげちゃった！」って言ったら、茫然としてしまって……。

　ロマネ・コンティがそんな高級なワインだっていうことを私は当時知らなくて、もらった電気屋さんもたぶん知らなかったはず。ただ一人、そのことを知っていた和田さんだけがとっても悲しんだ、っていう（笑）。だから、知らないってことはある意味、幸せなことよね。

落ち込んだ時の励まし言葉

39

感想をもらって、
料理ははじめて
完成します。

素直な感想を言ってもらえると
それが料理の上達につながります

私はアイデアを凝らしてオリジナルのレシピを作るのが大好きです。一つのレシピが完成するまでには試行錯誤するのですが、そういうときは、夫に実験台になってもらうこともしばしばです。食いしん坊で好奇心旺盛な夫は、新しい料理を出すと真っ先に箸をつけます。ちょっと変わったものであっても、夫は絶対に「まずい」とは言いません。「ちょっとコクが足りないかな」とか、「こうすればもっとおいしくなるんじゃない？」と、何かしらヒントになるような言葉を言ってくれるのです。これは本当にありがたいな、と思っています。

あれこれ味見をしていると、ベロが麻痺して本当の味がわからなくなってしまうことがあります。そんなとき、こんなふうに感想を言ってくれる人がいると、とっても助かります。よし、次はこうしてみよう！　と前向きな気持ちになり、こうして私のレシピは完成していくのです。

落ち込んだ時の励まし言葉 40

まずは、
野菜で胃を
コーティング。

ギトギトの油が入る前に まずは葉っぱでコーティングしましょ

私は昔から「食べるときはまず、野菜からね」ってずっと言ってきました。まっさらな胃の中にいきなりギトギトベタベタの油っぽいものが入るより、まず野菜が入った方が体によさそうだな、と思って。別に科学的根拠とかまったくなくて、ただの直感です。だから、息子の嫁が「レミさんのところに来ると、葉っぱばかりが次々に出てきて、なかなか主食にありつけなくて大変ですよ〜」って、いつも嘆いています（笑）。

丸ごとレタスサラダ

材料（4人分）

レタス（芯をくり抜き6等分に切り込みを入れる）… 1個

A
- ツナ缶（汁気を切る）… 小1缶
- きゅうり（小口切り）… ½本分
- ミニトマト（ヘタを取り4等分に切る）… 4個
- 黄パプリカ（1cm角に切る）… ½個分

B
- オリーブ油 … 大さじ3
- マヨネーズ … 大さじ2
- レモン汁 … 小さじ1
- はちみつ … 小さじ1
- ハーブソルト … 小さじ½
- こしょう … 少々

作り方

1. 器にレタスをのせ、切り込みを入れたところに**A**を散らす。
2. 合わせた**B**のドレッシングを回しかけ、葉っぱで具材を包みながら食べる。

Point
レタスを丸ごと使った豪快なサラダ。
パーティにもおすすめです！

落ち込んだ時の励まし言葉

41

イヤな人とは
無理に
つきあわなくても
いいのよ。

大事なのは
私が私のままでいられること

性格っていうのは本当に十人十色で、世の中にはいろんな人がいますよね。だから、どうやったって気の合わない人、好きになれない人がいるのは当然のことだし、そういう人とは、無理につきあう必要はないと思ってます。人間の性格っていうのはそう簡単に変わるものじゃないから、相手が変わってくれるんじゃないか、なんていう淡い期待は持っちゃダメ。でも初対面だけで判断しないで少しつきあうと見えてくるものもあるのよね。

イヤな人とつきあうっていうことは、自分を押し殺さないといけないわけだから、それって不自然なことよね。私は自分にウソをつきたくないし、自分を偽ってつきあうっていうのは、相手に失礼になるんじゃないかなと思うの。だから、私はいつも自然体でいたいし、このまんまの私でいられるような人たちとつきあいたいなと思っています。

Column

平野レミ アイデアグッズ①

レミパン

料理をもっと便利に、楽しくするためのアイデアを詰め込んだ『レミパン』。発売から約15年経った今もなお、多くの方に使っていただいていて、あのグッチ裕三さんも愛用してくれていたみたいです。一番の特徴は、ガラスぶた。料理の様子が見えるだけでなく、中央部には開閉式蒸気穴がついていて、油はねはなく安全に差し水ができます。ふたは、スタンド式のハンドルで立てて置けるので、場所をとりません。また、これひとつで蒸す、揚げる、焼く、煮る、炒める、炊くの6役をこなすことができ、ふたを裏返せばコンパクトに収納できるのもメリットです。

実は今、そんなレミパンをさらに進化させた『レミパン+《プラス》』を開発していて、2016年2月にみなさんにお披露目できる予定です。よりグレードアップした“新生レミパン”、どうぞ期待していてくださいね！

レミパンの最新情報はremy公式ホームページにて。
https://remy.jp/

part 4

背中を押してくれる言葉

背中を押してくれる言葉

42

バレンタインは
心の炎を
燃やすの。

新しい出会いを求めるなら どんどん外へ出かけましょう！

バレンタインとかクリスマスとかに、恋人がいないからって、家に引きこもってたらダメよ。とくに、クリスマスにカップルでいない人は、ほぼ確実に彼氏、彼女がいない人でしょ？　独り者を見つけるのにこんなにわかりやすい日はないわよ！　どんどん外に出かけていって、新しい恋を見つけましょう！

ハートバーグ

材料（2人分）

A 合いびき肉 … 400g
　卵 … 1個
　れんこんのすりおろし … 150g
　玉ねぎのすりおろし（汁ごと）
　　… ½個分（大さじ4）
　生パン粉 … ½カップ
　ナツメグ … 小さじ¼
　塩 … 小さじ¼
　こしょう … 少々
サラダ油 … 適量
B トマトケチャップ … 大さじ1
　ウスターソース … 大さじ2
　生クリーム（コーヒー用ミルク）
　　… 大さじ1
とろけるチーズ … 2枚
ルッコラ、ミニトマト … 各適量

作り方

1 ボウルに**A**を入れて練り混ぜ、2等分にして、長いわらじ型に成型する。

2 フライパンにサラダ油小さじ1を熱し、**1**を入れ、フタをして中火で6～7分焼く。こんがり焼き色がついたら返して、さらに3～4分焼いて中まで火を通す。同様にもう1枚焼く。

3 「レミグラスソース」を作る。ボウルに**B**を混ぜ合わせる。

4 **2**が焼けたら取り出して、斜め半分に切り、片方を裏返してハート形に皿に盛り、「レミグラスソース」をぬり、真ん中にチーズをのせる。

5 付け合わせに、ルッコラとミニトマトを飾る。

背中を押してくれる言葉

43

たまには
お休みしましょ。

ずっと走り続けたら息切れしちゃう お休みすることも大事です

シュフは、３６５日家事をしているわけだから、本当に大変だと思います。洗濯や掃除は、1日や2日やらなくても大きな支障はないけれど、お料理だけは「今日はごはん、抜きね」というわけにはいきません。とくに、育ち盛りの子どもがいる家庭などは、お母さんは毎日、大奮闘していることと思います。仕事と家事を両立している方も、いつも時間に追われて大変な思いをされていることでしょう。

どんなに家事が得意なシュフであっても、ときにはまったくお料理をする気になれない、なんていう日があるかもしれません。そんなときは、無理してがんばらないで、たまにはお休みしましょ。毎日毎日、一所懸命がんばっているんですもの。そんな日があってもいいと思うんです。シュフを長く続けていく中で、ときには手抜きも必要。しっかり息抜きして、エネルギーをチャージしたら、またがんばればいいんです。

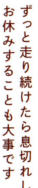

背中を押してくれる言葉

44

手抜きは
お料理が好きになる
近道かも。

短時間でもアイデアと工夫次第で おいしいものは作れるんです

「手抜き料理」っていうと聞こえが悪いけど、手抜きはけっして悪いことじゃなくて、料理を楽しむために上手に手抜きをしたらいいと思うんです。家でパーティをするときも、お料理に何時間もかけて、お客さまが来るころにはグッタリではせっかくのパーティも楽しめません。短時間でも長い時間をかけて作ったのと同じくらいおいしくなれば最高じゃないですか。手抜きは、お料理が好きになる近道かもね。

うなぎ焼き

材料（4枚分）

A うなぎ（1cm幅に切る）
　… 1尾分（170g）
　水 … 300mℓ
B キャベツ（せん切り）… 200g
　長ねぎ（粗みじん切り）… 大さじ4
　大葉（せん切り）… 5枚分
　絹豆腐（水切りしない）… 120g
　小麦粉 … 200g
　かつおぶし … 5g
　マヨネーズ … 大さじ4
サラダ油 … 適量
白髪ねぎ、糸唐辛子、
　添え付けのうなぎのタレ、粉山椒
　… 各適量

作り方

1 うなぎ汁を作る。鍋にAを入れ、弱火で3分煮て水にうなぎの味を移し、そのまま冷ましたら、うなぎと汁に分ける。

2 ボウルにBを混ぜ、1の汁を加減しながら加えて、最後にうなぎを入れ軽く混ぜる。

3 フライパンにサラダ油大さじ1を熱し、2の¼量を広げて流し入れ、中火で4分焼く。こげ目がついたら返して、鍋肌からサラダ油大さじ1を回し入れこんがり焼く。同様に残り3枚も焼く。

4 器に盛り、白髪ねぎと糸唐辛子をのせ、うなぎのタレと粉山椒をつけて食べる。

背中を押してくれる言葉

45

ふと気がつくと
夢が叶ってた。

ままごとのキッチンが夢の原点
自由にやらせてくれた母にも感謝です

うちにはしょっちゅう父の友だちが遊びに来ていたので、料理上手の母はいつも大勢のお客さんのためにごはんを作っていました。台所でお料理してる母がとても楽しそうだったので「私にもやらせて」と言うと、母は自由にやらせてくれました。そんなふうに育ててくれたおかげで、私もお料理の楽しさに目覚め、好きになれたのかもしれないなと思います。

私が子どものころにもらったプレゼントの中で、一番心に残っているのが、ままごとのキッチンセットです。水は出ないけれど蛇口がついていて、まさにキッチンのミニチュア版といった感じ。その蛇口を何度もひねって自分だけの世界に入り、あれこれと想像しては、夢をふくらませていました。今の私は、あのころの夢が叶ったのだと思っています。本物のキッチンで思いきりお料理できるのは、とても幸せです。

背中を押してくれる言葉

46

食べ物同士の組み合わせだから何やったってOK。

どっちも食べられるんだから自由に楽しめばいいのよ

お料理が苦手って思っている人は、きっと難しく考えすぎちゃってるんじゃないかしら。でも、お料理って結局は、食べられるもの同士の組み合わせなんだから、何やったってOK。そう考えたら気が楽になるでしょ?

一度、チョコレートとらっきょうを組み合わせたことがあるんだけど、これはまずかったわね(笑)。でも人によってはそれをおいしいって思う人もいるから、結局楽しく自由にやることね。

豆腐水餃子

材料(4人分)

木綿豆腐 … ½丁(150g)
豚バラ薄切り肉(5mm幅に切る) … 130g
長ねぎ(みじん切り) … 大さじ4
A 白すりごま … 大さじ2
　塩 … 小さじ¼
　こしょう … 少々
　しょうゆ … 小さじ½
キャベツ(せん切り) … 適量
水餃子の皮 … 25枚
トンカツソース・マヨネーズ … 各適量

作り方

1. 豆腐はしっかり水切りをし、130g程度にする。
2. ボウルに**1**、豚バラ、長ねぎを入れてよく練り、**A**を加えてよく混ぜる。
3. キャベツは器に盛っておく。
4. 水餃子の皮に**2**を大さじ½強ずつ包む。
5. 鍋にたっぷりの湯を沸かして**4**を入れ、浮き上がってきたら30秒ほど茹でる。ザルに上げてしっかり水気を切り**3**にのせ、ソースとマヨネーズをかける。

背中を押してくれる言葉

47

他の人のことなんて気にしちゃだめ。

悪口や噂話は時間のムダ
会話はやっぱり楽しくなくちゃ

人の悪口とか噂話が好きな人って、いますよね。あの人がどうしたとか、この人がこんなこと言ってたとか。あと、自慢話。私はそういう話を聞くのが、とっても苦手なんです。人は人、私は私。人と比べたり、妬んだり、羨んだりがどうもダメで、人のことに無関心だから一見冷たそうな人間に思われるかもしれないけど、自分に与えられたことを一所懸命にこなしていく。私はそれだけで手いっぱい。そんな話をしたり、聞いたりするより、みんなで「ガハハハ！」って笑えるような楽しい話をしてる方が、よっぽどからだにも心にもいいと思うの。その方がハッピーになれるし、元気になれるでしょ。だから、人の悪口や噂話ばっかりしてる人には、近づかないのが一番。そういう人は放っておいて、楽しい会話をして1日を過ごしたいわよね。

背中を押してくれる言葉

48

音もごちそう。

かつぶしを削る音は母の思い出
お料理の音ってほんとにいいよね

私の家では、母が毎朝〝かつぶし〟をかいてました。カンナみたいな大きなかつお節削り器で、「カッカッカッ」って。だから、子どものころはその音が目覚まし時計代わりだったんです。「カッカッカッ」って音が遠くのほうで聞こえると「朝だぁ～」って感じがしてね。それも、私にとっては母の思い出です。

お料理ってそういう音もごちそうだな、と思うんです。木のまな板と包丁でトントントンって刻んでる音とか、ジャージャー炒めてる音とか、パチパチッて天ぷらを揚げてる音とか、みんなごちそうよね。だから私、料理番組でも、しっかり音をアピールするようにしてるんです。おこげ料理をやるときも「みんな静かに！　静かに！」って周りを静かにさせてから、「ジャーッ！」って思いっきり音を響かせるの。お料理の音って、愛とパワーがいっぱいね。

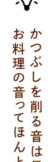

背中を押してくれる言葉
49

ちょい足し工夫で
我が家の味を。

ほんのちょっとでも手を加えて我が家の味にするようにしています

私は、夫にも子どもにも、出来合いのものをそのまま食べさせちゃうことがどうも苦手で。どうしても出来合いのものに頼らないといけないときは、ほんの少し手を加えて、我が家の味にしてしまいます。誰かさんのベロに合わせて作られたものを、そのまま夫や子どもの口に入れさせるのはどうしてもイヤなんです。たとえささやかでも、私のベロを通してから食べさせたいんですよね。

たとえば、急に息子が帰って何も用意してなかったとき、コンビニに走っておでんの大根とかゆで卵とかを、我が家特製の「レミだれ」で味つけしてレミ流おでんにしちゃったり。市販のレトルトのカレーも、炒めた野菜を加えてガラムマサラなどのスパイスをふれば、ひと味もふた味も変わります。そんなふうに〝ちょい足し〟するだけでも簡単に我が家の味になるので、ぜひ試してみてくださいね。

嫌いなものでも
上手にダマくらかして
食べさせちゃうの。

子どもに理屈だけで怒っちゃダメ ほめてほめて、ほめまくるの

子どもって、にんじんやピーマンが苦手でしょう。それを「体にいいから食べなさい」なんて怒っちゃダメ。子どもに理屈言ったってわからないからね。苦手なものは細かく刻んでハンバーグに入れたりして、食べさせちゃうの。それで食べられたら思いっきりほめてあげて、次の日はもうちょっと大きいのを食べさせちゃう。そうやって上手におだてて食べさせると、だんだん好き嫌いもなくなりますよ。

どらやピ

材料（作りやすい分量）

ピーマン（種を取って4等分に切る）
… 中3個

A 牛乳 … 150mℓ
卵 … 1個
はちみつ … 大さじ1
ホットケーキMIX
… 200g

サラダ油 … 少々

ゆであずき（加糖）… 1缶（210g）

Point

ピーマンのほろ苦さがゆであずきの甘さで消されて、いくつでも食べられちゃうどらやきです。

作り方

1 ピーマンは、水から茹で、沸いたら3分で火を止め、流水で冷ましフードプロセッサーにかけ、ペーパータオルで水気を軽くとっておく。40gは生地用、70gはあん用に分ける。

2 ボウルに**A**を混ぜ、**1**の生地用のピーマンを加えて混ぜる（牛乳で固さを調節する）。

3 フライパンにサラダ油を入れ、ペーパータオルで余分な油をふき取り、**2**を入れて直径8cmほどに広げ、強めの中火で焼く。きつね色になったらひっくり返し、裏面をさっと焼く。

4 ゆであずきと**1**のあん用ピーマンを混ぜ、**3**ではさむ。

背中を押してくれる言葉

51

気短かだから
アイデアが
生まれるの。

気短かな私が快適に動けるように
あらゆるアイデアを盛り込みました

主婦にとってキッチンは、家の中でも1日で一番長くいる場所ですよね。だから、キッチンを作るときは、ずいぶんあれこれ考えました。お料理をするときには、食材も調味料も道具もいろんなものを使うし、さらに、水で洗ったり、火にかけたり、オーブンに入れたりと、いくつもの工程があります。でも、同じ料理を作るとしても、やり方は人それぞれだし、細かいことをいえば、身長によっても、調理台はどれくらいの高さがいいのかも変わってきます。つまり、本当に使いやすいキッチンを求めるなら、自分なりにカスタマイズする必要があるんですよね。

とくに私の場合は、気短かでせっかちだから、そんな私が快適に動けるように、動線を考えたり、そこらじゅうに収納を作ったり、いろいろと工夫しましたね。そんな感じでつくったから、キッチンには私のアイデアがいっぱい詰まってるんです。

背中を押してくれる言葉

52

うまくいかないものは、距離を置く。

昔も今も変わらない嫁姑問題
少し距離を置いてみては？

嫁と姑の問題って、昔から仲が悪いってよくいわれているけれど、今もけっこう悩んでいる人は多いみたいですね。でも、考えてみたら、結婚したご主人だってそもそもは他人なわけだし、その人の親御さんなのだから、うまくいかなくてもまったく不思議はないと思うんです。

お姑さんのことで悩んでいる方がいるとしたら、まずアドバイスできるのは、とにかく干渉しないってことですね。必要以上に興味も持たなければ、かかわりもしない。だって、無理矢理つきあったって、うまくいかないものはどうしようもないんですもの。中途半端に干渉して、そのたびにぶつかりあって、ご主人が板挟みとかになったら、どんどんややこしくなるでしょ。まずは少し距離を置いて、あとは気にしな〜い気にしない！　こっちの気持ちが楽になれば、自然と向こうも寄ってくるんじゃないかしら？

背中を押してくれる言葉 53

上品とケチは紙一重。

友だちにお呼ばれしておなかをすかせて行ったのに……

あるとき「おいしい丼物ごちそうするから、お昼ご飯食べないで来てね」って友だちの家に呼ばれたんです。それで行ってみたら、作家もののいい器に入って出てきたんだけど、料理は底の方にほんのちょっとだけ。これを上品っていうの？　ケチなんじゃないの!?　って思っちゃった。そういう世界もあるのかもしれないけど、家庭料理は上品じゃなくていいの。てんこ盛りでおなかいっぱい食べられるのが一番よね！

ホタテ丼

材料（2人分）

温かいごはん … 2杯分
三つ葉（粗みじん切り）… 適量
焼きのり（もんで細かくする）… 2枚分
白ごま … 適量
ホタテ貝柱（刺身用）… 160g
にんにく（つぶす）… 2片分
塩、こしょう … 各少々
サラダ油 … 大さじ2
A　バター … 大さじ2
　しょうゆ … 小さじ4
　みりん … 小さじ2

作り方

1 ごはんに三つ葉、焼きのり、白ごまを混ぜて器に盛っておく。

2 ホタテは縦半分に切り、塩、こしょうをふる。

3 フライパンにサラダ油を熱し、にんにくを弱火で炒め、香りがでたら**2**を加え、強火でサッと炒める。

4 **A**を加え、軽く煮からめて火を止める。**1**に汁ごとのせ、三つ葉（分量外）を飾る。

背中を押してくれる言葉

54

急がば畔《あぜ》道。

障害知らずの高速道路人生は危険 畔道の方がずっと楽しいよ~

いい学校出て、いい会社に入っていわゆるエリートコースを歩いてきた人が、大人になってからおかしな事件を起こしちゃったりすることあるでしょう。ああいう人は、親の敷いたレールの上をひたすら歩いてきて、何の障害もないまま高速道路に乗っちゃったから、それまでに溜まっていたうっぷんが爆発しちゃったんだと思うんです。何事も度を過ぎちゃうとよくないっていうことよね。暴飲・暴食が体によくないっていうのと一緒。女や男に走りすぎちゃうのも危険よ。

それよりも、畔道を通って、石ころにつまずいたり、田んぼに落っこちたりっていう人生の方が、いろんな世界が見られて何倍もおもしろいと思うんだけど。だから私は断然、高速道路人生よりも、畔道人生がいいなぁって思うの。過ぎたるは及ばざるがごとし、っていうでしょ。なんでもほどほどが一番よね。

Column

平野レミ アイデアグッズ②

わたしの和だし・zipron（ジップロン）

「魚介からも野菜からも、おいしいおだしが出るのに、それを合わせただしパックがないのはどうして？」。そんな疑問から生まれたのが、魚介だしと野菜だしをバランスよく調合した「わたしの和だし」です。魚介のコクにほんのりと野菜の甘みが漂い、和風・洋風どちらにも使える万能だしパックです。選りすぐりの国産素材をふんだんに使い、化学調味料や保存料は不使用なので、ピュアで優しい味わいが楽しめます。

一方、調理中の必需品であるタオルとエプロンを一体化させたのが『zipron（ジップロン）』です。手を拭いたり、熱いお鍋を掴んだりするときも、いちいちタオルを探す必要がありません。汚れやすいハンドタオル部分だけをジッパーで取り外して洗えるので、洗濯も簡単。しかも、ハンドタオルは今治産、エプロン部には機能素材「Nano-Wing®」を採用するなど、素材にもこだわっています。

remy公式ホームページで好評発売中。
https://remy.jp/

part 5

大切なことに気づく言葉

大切なことに気づく言葉

55

決まり事で
決めつけちゃダメ。

固定概念にとらわれて固定されちゃダメよ

「寄せ鍋や互いの過去を語るべし」(byレミ)とか、お鍋を囲んでみんなでワイワイガヤガヤ楽しく盛り上がって最後はシメとか言うでしょ。でも、誰が最後にシメって決めたの？　だって、おなかいっぱいになってから無理やり食べるのも辛いでしょ。だったら、はじめからシメと一緒に食べた方がいいでしょ。何だって固定概念に固定されちゃって、決めちゃったりしちゃダメなのよ。

シメいらず 肉だんごはん鍋

材料(4人分)

A 鶏ひき肉 … 300g
　塩 … ひとつまみ
　しょうが汁 … 少々
　酒 … 大さじ2
　片栗粉 … 大さじ2
B ごはん … 200g
　粉チーズ … 大さじ2
C かつお出汁 … 1000mℓ
　しょうゆ、みりん、酒 … 各大さじ2
　カキ油 … 小さじ1
しめじ、しいたけ、えのき、エリンギ、舞茸 … 各適量
白菜(そぎ切り) … ⅛個分
長ねぎ(斜め切り) … 1本分
ココナツオイル … 適量
ポン酢 … 適量
七味 … 適量

作り方

1 「肉団ごはん」を作る。ボウルに**A**、**B**をそれぞれ混ぜ合わせる。**B**のごはんを20等分に丸め、20等分にした**A**を巻いて団子を作る。

2 鍋に**C**を沸かし、**1**の団子、きのこ、野菜を入れ煮えたらココナツオイルをかけたり、ポン酢で食べる。好みで、七味をふっても。

Point
ごはん入りの肉団子なので、シメいらず！　崩れたらおじやにもなります。

大切なことに気づく言葉

56

玉ねぎを炒めると
人格が変わるのよね。

ちょっとしたことで別の顔が見えてくる人間も一緒かもしれません

どんな食材にも、それぞれに持ち味があります。それは人格といってもいいくらい、本当にみんな個性的。それをいかに見極めて、うまく引き出すか、っていうのがお料理のおもしろいところでもあります。とくに、野菜はおもしろいわよね。玉ねぎや長ねぎなんて、生のままだと鼻にツーンとくるくらい辛くて、なんだかとげとげしい感じなのに、じっくり炒めると「あら、あなたってこんな子だったの!?」っていうくらい、グーンと甘くなるでしょ。熱を加えるだけでこんなに人格が変わるなんて、ほんとにおもしろいなって思います。

人間でも、そういう人がいるかもしれないですよね。パッと見はツンケンしていてイヤな感じの人でも、じっくり話してみたら実はすごく人情深くて、優しい人だったりして。だから、初対面の印象だけで決めつけるんじゃなくて、深くつきあってみると新しい発見があるかもしれませんよ。

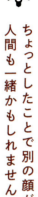

大切なことに気づく言葉

57

飛行機代が
タダになっちゃう。

アジアでもヨーロッパでも
お料理がどこへでも連れてってくれる

飛行機に乗らなくても外国に行った気分にさせてくれるっていうのもお料理のいいところよね。海外でおいしいものに出会ったら、味を覚えておいて、日本の食材で再現することがよくあります。目をつぶって食べれば、アジアでもフランスでもタヒチでも、どこでも行けちゃう！　その国の音楽をかけたり、写真を見たりしながら食べれば、ますます気分も盛り上がって楽しくなるので、おすすめで～す。

バインラムイット

材料（2人分） ※8個出来る

A 干しエビ … 20g
　水 … 大さじ6
小麦粉 … 小さじ2
白玉粉 … 50g
サンドイッチ用食パン … 2枚
揚げ油 … 適量
タレ
　ナンプラー … 小さじ½
　チリソース … 小さじ1
　砂糖 … 小さじ1
　水 … 小さじ2

作り方

1 耐熱ボウルにAを入れ、ラップして600Wの電子レンジで2分加熱し、身と汁に分けて冷ます。エビに小麦粉をまぶし、低温の油（分量外）でカリッと揚げる。

2 ボウルに白玉粉と1の戻し汁大さじ3～4を様子を見ながら入れ、よく混ぜて耳たぶくらいの硬さの生地を作り8等分する。中にエビを3尾ずつ入れ団子に丸める。残りのエビは、トッピング用にみじん切りにする。

3 湯気のあがった蒸し器に2の団子を入れ、7分蒸す。

4 食パンは、4等分に切り、中温の油（分量外）でこんがり揚げる。

5 4に3の団子をのせ、みじんにしたエビをトッピングする。好みで香菜（分量外）を添え、タレをつけて食べる。

大切なことに気づく言葉 58

目標なんて持っちゃダメ！

大切なのは自分にウソをつかず好きなことをやり続けること

私はこれまでに人生の目標というものを持ったことがないんです。ただ、与えられた目の前にある仕事を一つひとつクリアして、今がある、という感じ。ふと過去を振り返ってみたら「あぁ、自分の好きなことをずっとやってきたんだな」って思って、言ってみればそれが私の目指してきたところなのかな、って思います。だから、自分でこうしよう！　って路線を決めたりしたことは全然ないの。もうズルズルよ～（笑）。でも、1回1回の仕事は一所懸命やってます。だから、自分でも納得できる人生を歩んでこられたのかな、と思います。

最初は歌が好きでシャンソン歌手をやっていたけれど、だんだん料理の仕事が増えていって、自分でもこっちの方が性に合ってるかな、と思うようになったのね。振り返ったときに、自分のやりたかったことが、道のように出来ていればそれでいいと思うんです。

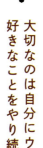

大切なことに気づく言葉

59

料理って大人のままごとね。

本物で料理できるから今は楽しくてしょうがない！

小さいときから、ままごと遊びが大好きでした。庭にゴザを敷いて、葉っぱをお皿にして、そこに泥で作ったお団子をのせて「はい、どうぞ」なんてよくやってましたね。だから、大人になって、本物の食べ物を使って思いっきり料理できるようになったときは、もう楽しくてしょうがなくて「これは大人のままごとだわ！」って思いました。

料理って、人間の顔がみんな違うように全部味が違うから、ほんとにおもしろい。冷蔵庫に残り物がいろいろあるときは、ぜ～んぶひっくるめてカレーにしちゃったり。そうすると、予想もしてなかったような複雑怪奇（！）な味になって、それはそれでまたおいしいの。食べてもらった人には、必ず料理の批評を聞きます。おいしいかどうかは、その人の表情を見れば一目瞭然。答案用紙の解答が〝顔〟なのよ。いつもドキドキしちゃうけど、だからこそまじめに作らなくちゃ、って思うんです。

大切なことに気づく言葉 60

ベロを育てると、行動まで変わっちゃう。

夫のためにがんばってきたけれど こんなことになろうとは……

結婚以来、夫は私の手料理ばかりを食べてきました。その結果、外で全然ごはんを食べなくなってしまい、逆に大変！　パーティへ行ってもそこでは絶対に食べず、パーティに行く前か帰ってきてから必ずうちで食べるの。私が仕事で疲れ切って「たまには外で食べようよ」って誘っても、「うちにあるものでなんでもいいから、家で食べよう」って。ま、うれしいような、少し辛いような……。で、結局作っちゃいます（笑）。

豚眠菜園《とんみんさいえん》

材料（2人分）

キャベツ（ちぎる）… 300 g
豚バラ薄切り肉 … 300 g
A サラダ油 … 大さじ4
豆板醤 … 小さじ¼～
にんにく（みじん切り）… 大さじ1
長ねぎ（みじん切り）
… 約½本分
B 酒 … 大さじ2
砂糖 … 大さじ1
しょうゆ … 50mℓ

作り方

1 タレを作る。フライパンに**A**を入れて弱火でふたをしないで20分以上ねぎがとろっとするまで火を通したら、**B**を加え、ひと煮立ちさせ火を止める。

2 キャベツと豚肉を順に熱湯にくぐらせ、水気を切る。

3 キャベツ、豚肉の順に器に盛り、**1**をからめてのせる。

Point
タレは時間が経つほど、味がなじんでおいしくなりますよ！

大切なことに気づく言葉 61

家庭料理に研究なんてありません。

料理が好きで家族のために作っているだけ

私は肩書を聞かれると「料理愛好家です」と答えています。その昔、私が出演したテレビCMのテロップに、「料理研究家」と書かれそうになったので、「料理愛好家と書いてください」とお願いしました。当時は、そんな肩書きを名乗っている人はいなかったので、「そんな言葉はありません」と反対されました。だけど「研究家」という言葉はあまりにもおこがましくて、無理を言って「愛好家」にしてもらったんです。だって、私は料理学校にも行っていないし、料理の研究もしていないんですもの。ただ、料理が好きで家族のために作っているだけだから「料理愛好家」が正しいんです。

ちなみに、料理好きのベースにあるのは、家族においしいごはんを食べさせたいってことなので、「料理愛好家」であると同時に「家庭愛好家」なんだと思います。

大切なことに気づく言葉

62

真面目だけじゃ
つまんないでしょ。

楽しいことばっかり考えてると頭の中に自然とアイデアが出てくるの

「レミさんが考えるレシピは、名前もとってもユニークですね！」ってよく言われます。ダジャレを入れたり、語呂合わせをしたりね。どうやって考えてるんですか？　とも聞かれるけれど、そんなに真剣に頭を抱えてひねり出しているわけじゃなくて、いつも楽しいことを考えていると自然と出てくるのよね。だって、真面目だけじゃつまんないでしょ！　どうせ同じ人生を生きるなら、楽しい方がいいじゃないですか。

　ネーミングは私だけじゃなく、夫がつけてくれることもあります。たとえば、135ページで紹介した「豚眠菜園」もそう。これは、葉っぱの園の上に豚が眠っているから、ですって。皮で包む手間を省いた、記念すべき手抜き料理第1号の「台満餃子」も夫の命名。〝怠慢〟を〝台満〟という当て字にすることで、なんとなく本格中華みたいでしょ？　食卓が笑顔になるように、ネーミングから楽しんじゃいます。

大切なことに気づく言葉

63

試行錯誤するのが
前進の一歩。

料理の腕は筋肉と一緒！
使えば使うほど鍛えられます

最近、料理本や見本のレシピがないと料理が作れない、という若い人が増えているようです。でも、ベロは人それぞれ違うわけだから、レシピを考えた人のベロとあなたのベロが合うとは限りません。料理本に書いてあるレシピはあくまでも参考であって、その通りに作らなければいけないという決まりはないんです。

本をヒントに、自分や家族の好みで味つけを変えたり、材料や調理法のバリエーションを考えたりするのも、とっても楽しいものです。材料をわざわざ買いそろえなくても「今、家にあるもので代用できそうなものはないかしら？」なんて考えるのも、家庭料理ならではのおもしろさです。そうやって試行錯誤したり、考えながらやるのって楽しいもの。料理の腕は筋肉と同じで使えば使うほど鍛えられていきますから、失敗なんか恐れずに、自由にチャレンジしてみてくださいね。

大切なことに気づく言葉

64

男は松茸よりもしいたけみたいな人がいいのよ。

見てくれればかりだと楽しくないし、長続きしない

顔もよくてお金持ちの男性が理想っていう人もいるけど、私は断然、素朴で庶民的な人が好き。だってその方が味があるし、楽しいし、ずっと一緒にいても飽きないと思うのよね。八百屋さんで、一人だけ木箱に入ってライトが当たってる松茸って、なんかいやらしいじゃないですか。それよりも、全然気取ってなくて、仲間もいっぱいいるきのこたちの方がよっぽど魅力的。男性もそんな人がいいなって思うんです。

おいしいたけと豚の柚子こしょう炒め

材料（4人分）

豚バラ薄切り肉（一口大に切る）… 150 g
しいたけ（石づきを取り半分に切る）
　… 200 g
赤ピーマン（細切り）… 1個分
長ねぎ（斜め薄切り）… 1本分（100 g）
サラダ油 … 小さじ2
柚子こしょう … 小さじ1 ～

作り方

1 フライパンにサラダ油を熱し、豚バラ、しいたけの順に炒め、しいたけがしんなりしたら赤ピーマンを加える。

2 柚子こしょうで味を調え、仕上げに長ねぎを加える。

Point
長ねぎは香りが飛んでしまわないよう、仕上げにサッと炒めてね。

大切なことに気づく言葉

65

好きなことは最優先しなくちゃ。

我慢してると体が悲鳴を上げちゃう 笑顔でいられる方法を最優先しましょ

いつごろからでしょうか。若い子たちのやせたい願望はどんどんエスカレートして、ろくな食事もとらずに、ガリガリにやせてしまっている子がいます。元気もなくて、しまいには体調を崩してしまう人もいますよね。そういう無理なダイエットに限らず、我慢をしたり、やりたくもないことをイヤイヤやるのは、体にも脳みそにも悪いと思うんです。最初はだましだましやっていたとしても、体は正直だから、いずれ悲鳴を上げてしまいます。

やっぱりね、好きなことは我慢しちゃダメだと思うの。もし、食後のデザートが大きな楽しみであれば、無理してやめなくてもいいのよ。その代わり、ごはんの量を少し控えたり、ウォーキングなどで体を動かせばＯＫ。その方がよっぽど健康的でしょ。好きなことはどんどんやって、どうしたら自分が笑顔でいられるかを最優先してくださいね！

大切なことに気づく言葉

66

家庭がひとつの単位。
誰が何をしてもいい。

私を支えてくれた「和田さん」の考え

私は今でも、夫のことを「和田さん」と苗字で呼んでいます。これは、出会ってから今まで、ずっと変わらない呼び方です。数人の親しい女友だちは「マコちゃん」とか呼んでいるのに、妻である私が他人のように「和田さん」と苗字で呼んでいるので、よく不思議がられます。でも、もう今さら直せません。和田さんは、とにかく和田さんなの！　夫でも、お父さんでも、パパでもないの。和田さんなのよ。昔っから「和田さん」って顔してるから、和田さんがぴったりなんです。

昔、和田さんが子どもの幼稚園の送り迎えをしてくれたときのこと。私が「ありがとう」と言ったら、「ありがとうなんて言うことないよ。家庭がひとつの単位なんだから、誰が何をしてもいいんだよ」って言ってくれたんです。和田さんがそういう考えでいてくれたことも、私が仕事を続けていくうえでの支えになっていたのかもしれません。

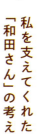

大切なことに気づく言葉

67

料理は全身で味わいましょう。

料理はおいしいだけじゃなく たくさんの幸せを運んでくれます

料理は食べるものだから、どうしても味の方ばかりに気がいってしまいます。でも、よくよく考えてみたら、料理を出されたときには、まず盛りつけや彩りを目で楽しむと同時に、漂ってくる匂いを感じます。おこげ料理のように、音で楽しめるものもありますよね。これらは食欲をかき立てる、いわばプロローグのようなものです。そして、口に入れて初めて味を感じ、同時に歯ごたえや舌触り、喉ごしなども味わいの一部として大事な役目を果たしています。このように、料理を食べるときには、五感がフル回転しています。これこそが、料理の醍醐味ともいえるのではないでしょうか。

音楽は耳で、絵画は目で楽しむものですが、料理なら一気に五感で楽しめますから、こんな素晴らしいことはありません。料理を食べるときはぜひ五感を研ぎ澄ませて、全身で幸せを感じてくださいね。

大切なことに気づく言葉 68

一晩寝かせると
味がマイルドに
なるでしょ、
人間も同じね。

あれこれ考え過ぎず ぐっすり寝るのが一番です

カレーやシチューは作った翌日の方がおいしい、ってよくいいますよね。あれは、一晩寝かせることで味がなじんで、とんがってた味がマイルドになるからです。寝ることが大事っていうのは、人間も同じよ。私もたまに落ち込んだときは、ワインをクィ〜ッと飲んで寝ちゃうの！　一晩寝れば、心はマイルドになって昨日のイヤなことなんてどっかにいっちゃいます。イヤなことはひきずらないのが一番。そんなときはぐっすり寝ましょ。

モロ平和カレー

材料（作りやすい分量）

モロヘイヤ … 1把（100ｇ）
にんにく（みじん切り） … 小さじ1
玉ねぎ（みじん切り） … 1個分（200ｇ）
赤唐辛子 … 1本
水 … 700㎖
カレーフレーク … 1袋（180ｇ）
カッテージチーズ … 200ｇ
A ガラムマサラ … 小さじ1.5
　クミンパウダー … 小さじ1.5
サラダ油 … 大さじ1
ごはん … 適量
ピクルス … 適量

作り方

1. モロヘイヤは葉を摘み、熱湯でさっと茹で、水気をしっかり絞りミキサーにかけてトロトロにする。
2. 鍋にサラダ油を熱し、にんにく、玉ねぎ、赤唐辛子を入れ、弱火でじっくりと炒める。
3. **2**がきつね色になったら、水を加え5分程火を通したらカレーフレークを入れて15分程煮込む。
4. **1**、カッテージチーズ、**A**を加えてさらに5分程煮込む。
5. 器に盛ったごはんにかけ、好みでピクルスを添える。

大切なことに気づく言葉

69

1+1が100にも
1000にもなるの。

転んでもただでは起きない！
失敗こそ上達のチャンス

お料理は、どんな食材とどんな調味料を組み合わせるかによって、そこから生まれる味は無限大に広がります。だから、何年やっていてもまったく飽きることがないし、やればやるほどいろんなアイデアが浮かんできます。お料理は１＋１が１００にも１０００にもなる。そう思って、たくさんのオリジナルレシピを考えてきました。今では、何と何を組み合わせたらどんな味になるか、おおよその予測はできるようになりました。でも、そんな私でも、これまでに失敗したことは数えきれないくらいありますよ。

お料理は何も、完璧を目指さなくていいんです。たとえ失敗して塩辛くなっちゃっても「次にやるときはもうちょっと塩を少なめにしよう」って学習するでしょ。そうやって、どんな挑戦も失敗も、ぜんぶ上達につながるんですよね。相性のいいもの同士が手を組んで、そこに「おいしく作ろう」っていう気持ちが入れば、おいしさは無限に膨らんでいくんです。

大切なことに気づく言葉

70

実のない話は
おもしろくない。

建設的じゃない話は誰もハッピーになれない

人から聞いた話なんですが、いわゆるママ友っていうの？　あの世界も、いろいろ大変みたいですね。たとえば、Aさんの悪口を言っていたかと思えば、そこにAさんがやってきたとたん、何事もなかったかのようにニコニコ会話したりするんですって。そういうのって、まったく理解できないんですよね。陰で人のこと悪く言って、何が楽しいんだろう、って思っちゃう。そういう実のない話は全然おもしろくないし、建設的じゃないし、誰もハッピーになれないでしょ。言いたいことがあるなら、優しく心をこめて本人に言えばいいのよ。じゃないと、もしその人に悪いところがあったとしても、直らないじゃないですか。

会話って楽しいものであるべきでしょ？　その楽しさをちょっとした言葉がぶちこわすことだってあるのよ。だから慎重に言葉を選んでお話しましょうよ。

大切なことに気づく言葉

71

食卓を家族で囲んで
一緒に食べるのが
何よりの
ごちそうね。

手作りの料理と家族の笑顔
それがあれば毎日が幸せ

私の両親は日本の伝統文化が大好きで、さまざまな年中行事も古典的なスタイルでやっていました。たとえば、元旦の朝は、お琴の音で起こされます。節分の豆まき、桃の節句、五月のしょうぶ湯、そして秋のお月見には三方におだんごなどを盛り、ススキを生けて、お月さまを眺めました。なので、我が家でもそうした行事を大切にし、お料理はできるだけ手作りのものを食卓にのせて、家族みんなで過ごすようにしてきました。そうした思い出はいつまでも心に残り、家族の結びつきを深めてくれるように思います。

　行事のときに限らず、やはり食卓を家族で囲んで一緒に食べるのが何よりのごちそうですよね。同じお料理でも、たった一人で食べるよりも、そこに家族の笑顔があるだけで、何倍もおいしく感じられます。日本には美しい四季があって、季節ごとに行事を味わう文化があります。それを家族で楽しみ、孫の代まで伝えていきたいな、と思います。

おわりに

　子どものころ、遠足に行ったときなどに、友だちと卵焼きをとりかえっこして、「あれ、うちの卵焼きとずいぶん味が違う！」なんて思ったことはありませんか？　お料理って、作る人のベロによって味が決まるし、そのベロはその人が育ってきた環境によって変わってきます。だから、お料理はまさに、その人そのものなんじゃないかしら、って思うのです。

　私の作る料理って気どるのが苦手で、飾り気はないけれど、とても簡単なので鼻歌を口ずさみながらでも作れます。そして、食べておいしければ、もうそれでＯＫと私は思っています。イヤなことは無理してやらない。逆に、好きなことには全力投球して、心の底から思いっきりやっちゃう！　このスタンスは、子どものころからずっと変わっていません。その方が、自然体でいられるし、毎日を笑顔で過ごすことができるからです。笑顔って伝染していくから、私が笑顔でいれば、周りの人たちも笑顔になって、みんながハッピーになれると思うんです。

　おいしいものを食べているとき、人はとっても幸せそうな顔をしています。それが、大切な家族や大好きな仲間と一緒だったら、なおさらですよね。

料理には、そういう力があります。その料理を通じて、私はこれからもみんなに笑顔と元気を運びたいと思っています。

日々過ごしていく中で、仕事や人間関係などであれこれ悩んだり、くよくよしたりすることもあるかもしれません。そんなときこそ、この本を読んだり、紹介しているお料理を作って食べてみてくださいね。それがきっかけで、少しでも元気に、笑顔になってくれたらとってもうれしいです。

平野レミ

料理愛好家

「シェフ」の料理ではなく、「シュフ」の料理をモットーに、テレビ、雑誌で数々のアイデア料理を発信中。人間ドックで、「5年間来なくていいです」といわれた健康体で、明るく元気なライフスタイルを提案。著書は30冊に及び、『平野レミと明日香の嫁姑ごはん物語』（セブン＆アイ出版）などがある。

「remy」 https://remy.jp/

編集	吉田遊介（STUDIO DUNK）
執筆協力	松井美樹
デザイン	池田香奈子（STUDIO DUNK）
撮影・スタイリング	青木 章（DEXI）
協力	奥田暁美（株式会社レミックス）
調理アシスタント	都留沙矢香、 川崎麻紀子
スタイリスト	山崎友子（日本ランズエンド）
校正	岡野修也

平野レミのしあわせレシピ

2015年（平成27年）12月29日　初版第1刷発行

著　者	平野 レミ
発行者	伊藤 滋
発行所	株式会社自由国民社 〒171-0033　東京都豊島区高田3-10-11 http://www.jiyu.co.jp/ 振替　00100-6-189009 電話　03-6233-0781
カバーデザイン	JK
印刷所	株式会社光邦
製本所	加藤製本株式会社